M. LIBRI

N'EST PAS CONTUMAX

CONSULTATION

DE

Me HENRY CELLIEZ

Avocat à la Cour impériale

SUR

LA PÉTITION ADRESSÉE AU SÉNAT

SUIVIE DE L'ADHÉSION

DE

Me Édouard Laboulaye

Avocat à la Cour impériale
Professeur au Collége de France
Membre de l'Institut

ET D'UNE ADRESSE

DES DÉPUTÉS AU PARLEMENT ITALIEN

PARIS

IMPRIMERIE DE AD. R. LAINÉ ET J. HAVARD

RUE JACOB, 56

1861

CONSULTATION

sur cette question

résultant de la pétition de Madame Libri au Sénat :

M. Libri est-il contumax?
A-t-il, pour faire annuler l'Instruction
irrégulière de son procès, quelque autre voie légale
que le renvoi par le Ministre de la Justice
à la Cour de cassation?

§

Madame Libri adresse une pétition au Sénat, parce que M. Libri ne peut pas recourir directement à la justice, pour obtenir l'annulation de la procédure illégale dont il subit les atteintes.

M. Libri, en effet, malgré les qualifications de l'arrêt qui l'a condamné, *n'est pas en réalité un contumax* qui puisse, par sa seule présence, mettre les tribunaux en mesure de réparer une erreur judiciaire.

Il n'est pas contumax, car il n'a pas été appelé, comme l'exige la loi, par la notification de l'ordonnance qui intime à l'accusé de se présenter dans un délai de dix jours, sous peine d'être déclaré rebelle. Cette notification essentielle a été (par violation formelle des articles 465 et 466), omise à son égard, quoique son *domicile* à Paris et sa *résidence* à Londres fussent connus du ministère public ; l'*original* et la *copie* de l'acte d'huissier contenant l'ordonnance sont encore au parquet ou au dossier.

Faute d'avoir été averti que la Cour allait procéder au jugement, *M. Libri a perdu irrévocablement la seule occasion* qui lui fût offerte par le Code d'instruction criminelle de saisir directement la justice de ses griefs et *de provoquer personnellement* la révision des actes illégaux commis contre lui.

S'il eût été averti suivant la loi, l'article 468 l'autorisait à charger un ami ou un parent de produire devant la Cour les motifs de son absence. Il attendait ce moment pour faire exposer aux magistrats que, s'il ne comparaissait pas, c'est qu'il ne voulait pas accepter un débat fondé sur une expertise confiée à ses *dénonciateurs,* sans même qu'on eût pris les précautions exigées par la loi vis-à-vis des experts qu'elle présume être impartiaux et désintéressés ; c'est qu'il ne voulait pas reconnaître comme valable une saisie tellement dépourvue des formalités les plus élémentaires, que *l'accusation est dans l'impuissance d'affirmer que telle pièce ou tel livre ait été saisi en la possession de l'accusé;* c'est qu'en un mot il ne voulait pas sanctionner par sa présence une instruction radicalement nulle, contre les irrégularités de laquelle il n'avait cessé de protester.

La Cour, ignorant que l'accusé ne savait pas et ne pouvait pas savoir qu'il fût appelé en jugement, croyant à l'apparence des actes du dossier, n'étant point sollicitée à un examen spécial de cette procédure anomale, a suivi la pratique courante des affaires de contumace. Elle a prononcé, suivant la formule habituelle (art. 470), l'arrêt *préalable* qui déclare la procédure régulière, et elle a ensuite statué sur le fond, en condamnant celui qu'elle croyait légalement accusé et volontairement contumax.

Or cet arrêt qui, par erreur, déclare la procédure régulière, *ne tomberait pas* devant la comparution de M. Libri s'il pouvait et voulait agir comme un vrai contumax et se présenter pour purger la contumace.

De sorte que *cette comparution* produirait précisément le contraire de ce que veut et doit vouloir M. Libri, c'est-à-dire qu'elle *couvrirait les viola-tions de la loi commises contre sa personne*. La comparution anéantirait bien la condamnation (art. 476), mais elle laisserait subsister toute la sé-rie des actes *contraires à la loi*, non moins qu'au droit et à l'équité, qui constituent l'accusation.

§

Toutes ces irrégularités, ces illégalités sont dé-montrées dans un *Mémoire* développé, rédigé par l'avocat soussigné avec l'adhésion explicite de plu-sieurs éminents jurisconsultes (1) et déposé parmi les pièces à l'appui de la pétition. Les consé-quences qu'entraînerait la comparution volontaire de M. Libri sont exposées dans un *Avis* que M. La-boulaye, avocat à la Cour impériale de Paris, pro-fesseur de législation comparée au Collége de France, et membre de l'Institut, a écrit à la suite de ce Mémoire.

(1) Me Duvergier, alors avocat, ancien bâtonnier, aujourd'hui conseiller d'État; feu Me Paillet, avocat, ancien bâtonnier ; Me Sé-nard, avocat, ancien bâtonnier, ancien président à l'Assemblée na-tionale en 1848 ; Me Moulin, avocat, ancien avocat général à la cour de Paris ; Me Desmarest, avocat, membre du conseil de l'ordre.

« Il me semble évident, dit M. Laboulaye, que dans un procès où *toute l'accusation porte sur l'examen d'un nombre infini de volumes et de pièces* (car il n'y a aucun fait personnel, et nul, que je sache, n'a vu M. Libri emporter les livres et les autographes qu'on a séquestrés), la première condition, la condition essentielle, c'est qu'il soit régulièrement constaté que les pièces saisies appartiennent à l'accusé, que les livres ou papiers incriminés sont bien ceux qu'on a saisis, et que l'examen en a été fait dans les formes et suivant les principes établis par la loi ; autrement le corps du délit manque et l'accusation n'a pas de fondement.

« Cette obligation de suivre les formes établies par la loi est absolue en droit criminel ; les formalités sont une partie substantielle de l'instruction ou, pour mieux dire, elles sont toute l'instruction. « En « la justice, » dit Pierre Ayrault, le plus ancien et le plus autorisé de nos criminalistes, « la formalité « est si nécessaire qu'on n'y saurait se dévoyer tant « soit peu, y laisser et omettre la moindre forme « et solemnité requise, que tout l'acte ne vînt in- « continent à perdre le nom et surnom de justice, « prendre et emprunter celui de force, de machi- « nation, voire même de cruauté ou tyrannie toute « pure. La raison est parce que justice n'est pro-

« prement autre chose que formalité et cérémo-
« nie. »

« L'observation des formalités est bien plus nécessaire encore quand l'accusé est contumace, car
le magistrat a, dans ce cas, un double devoir à remplir, et il doit ménager à la fois les droits de la justice et les droits de l'absent.

« Les formalités essentielles ont-elles été observées
dans le procès dont il s'agit? L'accusé a-t-il été régulièrement cité? A-t-on inventorié les objets saisis? les a-t-on protégés perpétuellement par un
scellé? leur identité a-t-elle été constatée comme
le veut la loi? les experts remplissaient-ils les condi-
tions exigées? l'expertise a-t-elle été régulièrement
conduite? ce sont là des questions de fait que je
n'ai point à vérifier.

« Mais *théoriquement*, et en laissant de côté ce
qu'il appartient à la Cour de cassation d'étudier et
de juger, je dis que si, dans une accusation quel-
conque, les faits se sont passés comme le prétend
la consultation, cette accusation est nulle, car il est
évident qu'on n'a point gardé les formes protec-
trices de l'innocence et de la vérité.

« Théoriquement le procès est impossible, et
l'accusation n'est pas soutenable, car il n'y a pas
une pièce que la défense n'ait le droit de rejeter,

puisqu'il n'en est pas une seule dont la provenance soit légalement établie, puisqu'il n'est pas un seul volume que l'accusé ne puisse refuser de reconnaître pour celui qui lui a appartenu ou pour celui qu'on a saisi.

« La situation admise telle que la présente la consultation, que doit faire l'accusé? Doit-il se présenter devant un jury, naturellement prévenu contre lui par le seul fait de l'accusation, ou doit-il implorer la cassation d'une instruction irrégulière ?

« Il me semble qu'il n'y a qu'une voie possible.

« Il est, selon moi, DU DROIT ET DU DEVOIR de l'accusé de demander l'annulation de la procédure par le seul moyen qui lui reste, et c'est pour un cas pareil qu'a été établie la prudente réserve de l'article 441 du Code d'instruction criminelle (1).

« Autrement, quel désordre de juridiction et quel danger pour un accusé! Devant le jury, l'accusé ne doit avoir à répondre que sur des faits, et les jurés ne doivent juger que des faits; toute notre instruction judiciaire a été calculée pour atteindre ce résultat, toutes ses formes établies pour cette

(1) Art 441. Lorsque, sur l'exhibition d'un *ordre formel à lui donné par le Ministre de la justice,* le procureur général près la Cour de cassation dénoncera à la section criminelle des *actes judiciaires,* arrêts ou jugements *contraires à la loi,* ces actes, arrêts ou jugements *pourront être annulés,* etc.

fin. Quelle sera maintenant la position de l'accusé, s'il lui faut tout à la fois faire le procès à l'instruction et se justifier de faits qui, n'étant pas régulièrement constatés, légalement n'existent pas? Ce sera donc le jury qui décidera des questions de droit qu'il ne doit pas et qu'il ne peut pas connaître; ce sera le jury qui absoudra ou condamnera les magistrats?

« Cela est monstrueux, et cependant il est évident, à première vue, que si M. Libri se présentait demain, sa principale défense serait d'attaquer l'instruction et d'en contester la légitimité. Quelle sera l'attitude du ministère public, accusateur et accusé en même temps? Comment gardera-t-il l'impartialité dont la loi lui fait un devoir? Quel sera l'embarras du jury au milieu d'un pareil dédale? Et comment veut-on que l'accusé ait la liberté d'esprit dont il a besoin pour se défendre? Est-ce là un procès régulièrement instruit, et dans lequel le jury puisse répondre uniquement sur des faits et par oui ou par non, comme l'exige la loi?

« Y a-t-il toutefois un intérêt assez sérieux pour que le ministre de la justice saisisse la Cour de cassation de cette affaire? Oui, à moins qu'on n'hésite entre l'innocence d'un accusé et un arrêt qui, après tout, laisse intact l'honneur du magistrat, en déclarant que, dans un moment de troubles civils et dans une affaire particulièrement difficile, on a omis des formalités indispensables.

« Mais ce n'est pas tout, et on peut dire qu'avec le nom de M. Libri l'affaire s'est tellement agrandie, qu'il y a nécessité de provoquer une semblable décision. Aujourd'hui cette affaire occupe l'Europe, et ce n'est plus l'accusé seul qu'elle touche. Les formes criminelles ne sont pas chose arbitraire ou indifférente, ce sont les règles que l'expérience et la raison ont trouvées pour défendre le magistrat de l'erreur, de la légèreté, de la passion; aussi se ressemblent-elles en tout pays civilisé. De là vient qu'en Italie, en Angleterre et jusqu'en Amérique, l'opinion a pris parti pour M. Libri. C'est là un fait trop facile à constater pour qu'il soit permis de le nier, et c'est une chose extrêmement grave. Partout on a écouté les plaintes de l'accusé, partout on dit que les formes n'ont pas été suivies, et que l'accusation est irrégulière, partout on fait le procès ou à nos juges ou à nos lois.

« Refuser de déférer la procédure à la Cour de cassation, gardienne des formes, et par cela seul protectrice de notre liberté, de notre honneur et de nos biens, c'est, il est vrai, donner force à l'accusation et condamner l'accusé à mourir en exil;

mais, en même temps, c'est éterniser le doute fâcheux qui pèse sur cette affaire et appeler sur nos usages ou nos lois le jugement sévère de l'opinion. C'est mettre contre soi un tribunal qui finit toujours par avoir raison.

« Suivant moi, M. Libri n'est pas seul intéressé à cet appel suprême ; le juge qu'on accuse de précipitation et d'irrégularité, les experts dont on conteste l'impartialité, ont tout autant d'intérêt à ce que le jour se fasse, et que leur conduite soit justifiée. Il importe à tous ceux qui ont été mêlés de près ou de loin à cette affaire, qu'on sache si M. Libri est une victime qui fuit la persécution ou un coupable qui se dérobe à la justice.

« Il y va de l'honneur de la Magistrature et du pays à ce qu'une pareille question soit publiquement décidée, et, par une heureuse fortune, la Cour de cassation, qui doit prononcer, a en même temps une autorité morale assez grande pour que son arrêt soit accepté d'avance par le monde entier. Qui donc reculerait devant un tel aréopage ? »

§

Par qui la Cour de cassation peut-elle être saisie ?

Ce n'est point par M. Libri, auquel le pourvoi
n'est ouvert par aucune disposition de la loi ; *c'est
par le Ministre de la justice seul.*

Comment peut-on déterminer *l'initiative du Ministre ?*

En exerçant le droit de pétition auprès du Sénat.
Il n'y a pas d'autre forme légale.

Et le Sénat, qui doit « remplir dans l'État le
« rôle indépendant, salutaire et conservateur des
« anciens parlements (1), » écoutera une femme
qui lui dit :

L'innocence de mon mari est démontrée. Les
erreurs de ses accusateurs sont éclatantes. Voici
les irrégularités flagrantes à l'aide desquelles ses
dénonciateurs ont pu prendre part à l'instruction,
ont égaré la justice, inventé des délits et fait croire
à la culpabilité. Et contre ces irrégularités la loi
n'ouvre d'autre recours que l'intervention du pre-

(1) Proclamation du prince Président, 14 janvier 1852, en tête de
la Constitution.

mier corps de l'Etat auprès du Ministre équitable qui voudra la réparation, non pas tant dans l'intérêt d'un seul homme que dans l'intérêt de la Justice et de la Loi.

Délibéré à Paris, le 15 mai 1861.

HENRY CELLIEZ,
Avocat à la Cour impériale.

J'adhère à la consultation.

Ed. LABOULAYE,
Avocat à la Cour impériale,
professeur de législation comparée au Collége de France,
membre de l'Institut.

Imprimerie de Ad. R. Lainé et J. Havard, rue Jacob, 56.

ADRESSE DES DÉPUTÉS ITALIENS

A l'appui de ce que dit M. Laboulaye dans la consultation précédente, au sujet de l'intérêt qu'excite à l'étranger la cause de M. Libri, il est bon de signaler deux faits significatifs.

Au moment où l'on poursuivait en France M. Libri comme inculpé d'avoir dépouillé les bibliothèques publiques ; — en Angleterre un comité de la *chambre des communes*, appelait M. Libri pour l'interroger sur l'état de ces mêmes bibliothèques, et insérait dans un compte rendu officiel, non-seulement ses réponses, mais encore un rapport fait et signé par lui sur ce même sujet. (Voir le *Report from the select committee on public libraries ordered by the House of Commons to be printed 23 july* 1849.)

Tout récemment, plusieurs illustres membres du Parlement Italien ont présenté au gouvernement du Roi une adresse qui a été publiée dans les journaux Italiens. Il est inutile d'insister sur la valeur scientifique, politique et morale des personnes qui ont signé l'adresse suivante.

« Les soussignés, amis de Guillaume Libri, persuadés que dans
« le jugement par contumace prononcé contre lui, on a porté à sa
« charge des faits qui depuis se sont trouvés être entièrement faux,

« Ayant lu la petition présentée au Sénat français par la femme
« du même Libri, pétition qui est corroborée par une note signée
« par dix citoyens français des plus considérables,

« S'adressent avec instance au gouvernement italien, à la pro-
« tection duquel Guillaume Libri a actuellement plein droit, pour
« qu'il fasse appuyer cette pétition par ses agents diplomatiques,
« afin que, si les lois le permettent, on réhabilite le nom d'un
« homme qui a jeté tant d'éclat sur la patrie italienne, »

Le baron RICASOLI, ancien ministre du gouv. prov. toscan. —
Le comte MAMIANI, ancien ministre, ambassadeur en Grèce. —
Le marquis TORREARSA, vice-président de la chambre, ambassadeur en Suède. — Le baron POERIO, vice-président de la chambre.
— Le comte PEPOLI, ancien professeur à l'Université de Londres.
— MELEGARI, ancien professeur de droit à Lauzanne. — Le chevalier MASSARI. — Le chevalier TORRIGIANI, ancien ministre et
professeur à l'Université de Parme. — Le colonel MALENCHINI. —
Le chevalier GALLENGA, ancien professeur à l'Université de Lon-
dres. — Le chevalier FENZI, commandant supérieur de la garde na-
tionale de Florence. — Le marquis GINORI LISCI. — Le chevalier
DE VINCENZI. — Le comte de PAZZI. — Le chevalier MALMUSI,
membre du gouvernement provisoire de Modène et de l'Émilie. —
Le professeur BONGHI. = Le marquis BUSACCA, ancien ministre,
conseiller d'État. — Le comte ALFIERI. — Le chevalier MARLIANI.
— Le comte CASTELLANA. — Le professeur GHERARDI. — Le
professeur PIRIA. — Le marquis CARACCIOLO. — Le docteur
PANTALEONI. — GALEOTTI, avocat. — SCALIA, ancien envoyé du
gouvernement de Sicile à Londres. — Le professeur TOMASI, de
l'Université de Pavie. — Le professeur CAGGIATI, de l'Université
de Parme.